30 Jours pour Réussir en Dropshipping

De Zéro à Pro avec Shopify

ALLAN HENRY

Copyright © 2024

Tous les droits sont réservés.

Aucune partie de cette publication ne peut être reproduite, distribuée ou transmise sous quelque forme ou par quelque moyen que ce soit, y compris la photocopie, l'enregistrement ou d'autres méthodes électroniques ou mécaniques, sans l'autorisation écrite préalable de l'éditeur, sauf dans le cas de brèves citations incorporées dans les critiques et certaines autres utilisations non commerciales autorisées par la loi sur le droit d'auteur. Toute référence à des événements historiques, à des personnes réelles ou à des lieux réels peut être réelle ou utilisée fictivement pour respecter l'anonymat. Les noms, les personnages et les lieux peuvent être le produit de l'imagination de l'auteur.

Imprimé par Amazon.

SOMMAIRE

Préface 4

PARTIE 1 : ETUDE DES DIFFERENTS MARCHE DE VENTE 8

PARTIE 2 : CHECKLIST POUR VALIDER UN PRODUIT WINNER 28

PARTIE 3 : COMMENT TROUVER UN PRODUIT WINNER AVEC SHOPHUNTER 30

   Glossaire 40

PARTIE 4 : TOUT SAVOIR SUR VOTRE SOURCE DE TRAFIC 41

MASTERCLASS VIDEO: CREATION D'UNE BOUTIQUE ECOM PRO 85

Préface

Bienvenue dans l'univers passionnant du **dropshipping**, un modèle de commerce en ligne qui a révolutionné la façon de créer et de gérer une entreprise. Si vous tenez ce livre entre vos mains, c'est probablement parce que vous avez le désir de transformer votre vie, de prendre le contrôle de votre avenir financier, et de découvrir une méthode qui a déjà changé la vie de milliers de personnes.

Ce livre n'est pas simplement un guide, c'est un plan d'action concret. Mon objectif en l'écrivant est simple : vous donner les outils et les stratégies nécessaires pour, vous aussi, atteindre une réussite éclatante avec **Shopify**

en seulement 30 jours. Vous allez passer de **débutant à pro**, sans avoir besoin d'aucune compétence technique préalable.

Pourquoi lire ce livre ?

Parce qu'il contient tout ce qu'il vous faut pour réussir. De l'étude des différents marchés de vente, à la validation de produits gagnants, jusqu'à la création d'une boutique e-commerce professionnelle, ce livre vous guide pas à pas dans chaque étape du processus. Vous découvrirez aussi des astuces inestimables pour trouver des produits performants et maîtriser vos sources de trafic pour attirer un maximum de clients.

Avec plus de 7 ans d'expérience dans le domaine du dropshipping, j'ai condensé ici **tout ce qui fonctionne vraiment**, vous épargnant ainsi les erreurs classiques que j'ai moi-même commises à mes débuts. Ce livre est fait pour vous, que vous soyez débutant ou déjà actif dans le domaine.

Alors, pourquoi hésiter ?

Chaque jour perdu est une opportunité manquée. Prenez l'initiative maintenant, plongez-vous dans ces pages et commencez à bâtir une entreprise rentable. Et si vous trouvez de la valeur dans ce livre, je vous invite à en parler autour de vous.

Recommandez-le à vos proches, partagez votre succès, car la réussite est encore plus belle quand elle est partagée.

Je vous souhaite une excellente lecture et surtout, beaucoup de succès !

Allan Henry

PARTIE 1 : ETUDE DES DIFFERENTS MARCHE DE VENTE

- **France** CP

Un des marchés les plus intéressants. C'est l'un des pays d'Europe les plus peuplés, avec un bon pouvoir d'achat et il n'est pas nécessaire d'avoir PayPal pour obtenir de bons résultats. Un moyen de paiement par carte bancaire suffit, donc c'est intéressant pour un début car souvent le seul moyen disponible quand on débute est Stripe ou Shopify Payments.

Même s'il y a beaucoup de concurrence sur ce marché, ça reste très peu si on compare aux US ou au UK.

En tant que Français, c'est votre marché de référence, le marché sur lequel nous vous conseillons de vous lancer car forcément c'est plus simple de vendre quand tu connais le pays.

- **Allemagne** DE

Très gros avantage c'est que c'est le **pays le plus peuplé d'Europe** et qu'en plus de ça c'est un pays avec un **excellent pouvoir d'achat**. Par contre quasi **impossible de tourner sans PayPal** donc je déconseille à un débutant de se lancer dessus car avec PayPal, beaucoup de risque de blocages.

Moins populaire mais d'autant plus intéressant, **Klarna est le moyen**

de paiement le plus utilisé en Allemagne. Vous pouvez tourner juste avec Klarna sans PayPal mais attention l'ouverture d'un compte Klarna est assez longue.

Attention, les **CPM de ce pays sont assez élevés** alors qu'on pourrait penser que non vu qu'il est difficile pour les dropshippeurs de se lancer là-bas, PayPal étant souvent un problème.

- **Espagne ES**

Un marché intéressant car une bonne population et possibilité de tourner qu'avec **Stripe**. Par contre le **pouvoir d'achat du pays est vraiment faible** comparé à l'Allemagne ou la France donc je conseille vraiment de lancer des **produits très peu chers**.

Honnêtement je conseille de lancer sur FB sur ce marché plutôt que TikTok car la population TikTok est plus jeune que celle de FB donc forcément plus on est jeune moins on a d'argent. **Donc Espagnol + Jeunes c'est compliqué**.

Souvent les Espagnols ajoutent au panier et passent au checkout mais ne paient pas. Donc **ne pas forcer un**

testing sur plusieurs jours car on pense qu'il y a un problème, le marché est juste comme ça.

- **Italie IT**

Au niveau de la taille et du pouvoir d'achat c'est **à peu près comme pour l'Espagne** mais depuis 1 ou 2 ans **PayPal est vraiment important** et encore plus, le **Cash On Delivery est** très apprécié là-bas ce qui rend le pays très **difficile d'accès pour un débutant.**

Vous pouvez tout de même essayer de vendre **juste avec stripe** c'est possible mais ce sera **plus dur.**

- **Belgique** BE

Pays **très rarement ciblé tout seul.** Ce que nous vous conseillons c'est d'**inclure la Belgique quand vous ciblez la France**. Certains belges aiment bien payer en virement par exemple avec bancontact mais vous pouvez seulement tourner avec stripe.

- **Suisse** CH

Comme la Belgique, ciblez la Suisse quand vous ciblez la France. De plus en plus de gens vendent qu'en Suisse car le pays est hors de la zone euro et que la population a beaucoup d'argent ce qui augmente grandement le panier moyen.

Attention tout de même à bien voir si le fournisseur ne fait pas payer plus cher la livraison en Suisse (c'est souvent le cas sur les produits lourds et volumineux).

- **Suède SE, Danemark DK, Norvège NO, Finlande FI**

Des pays assez intéressants car **souvent beaucoup moins exploités** que la France.

En plus de ça, les pays du Nord se classent parmi les pays européens avec le **pouvoir d'achat le plus élevé chez les ménages**.

Par contre, ce sont des **petits pays** donc il est compliqué de faire de gros chiffres sur ces pays, surtout avec TikTok Ads où parfois en mettant 1'000€, tu vas cibler tout le pays.

- **United-Kingdom** GB

Pays très intéressant, **c'est le "marché US" de l'Europe**. C'est un pays qui a un très **bon pouvoir d'achat** et les gens sont habitués à payer avec **Stripe**, mais si vous avez **PayPal** sur votre shop ce sera un plus.

Par contre ça va être un pays avec des **CPM assez élevés** par rapport aux autres pays européens car il y a beaucoup d'annonceurs et que ça fait partie des pays que souvent **les US vont inclure dans leurs ads**.

En effet, souvent les US vont cibler US, UK, Canada et Australie un peu sur le même principe que nous en France on cible avec nous la Belgique, la Suisse et le Luxembourg.

- **Pays-Bas NL**

Déconseillé pour les débutants car personne n'achète avec stripe en CB c'est souvent du **PayPal** mais surtout du **IDEAL** (dispo ****avec le processeur de paiement Mollie) **à 80%.** Vous pouvez avoir IDEAL avec Stripe mais il faudra prendre un developpeur.

Ça reste un marché intéressant surtout que sur FB les **CPM sont très corrects** et souvent il y a un **excellent taux de conversion** sur le site.

- **Turquie** TR

Uniquement avec **stripe** (toute façon **PayPal est interdit** là-bas). Il ne faut **pas vendre des produits très chers**. Les **CPC là-bas sont très très faibles** (vous pouvez même parfois être en dessous de 1cts) mais ça **ne convertit pas** énormément.

Même s'il y a un trafic énorme ça reste un pays où il faut plus miser sur plusieurs petits shops qu'un shop qui fait beaucoup de CA.

- **Pologne** PL

Pays assez intéressant. Vous pouvez tourner avec Stripe et Przelewy 24.

- **Portugal PT**

Possibilité de tourner avec **Stripe** et **Paypal**. P**eu intéressant**, pays avec peu de pouvoir d'achat (encore plus faible que l'Espagne) donc souvent ça donne lui a des shops qui ne convertissent pas.

- **Autriche AT**

Même chose que pour **l'Allemagne**. Concurrence très faible.

- **USA** US

Beaucoup de gens qui se lancent dans l'e-commerce pensent : "Je vais me lancer aux USA, c'est le plus gros marché, c'est le meilleur."

Sachez que **c'est le pays le plus compliqué pour quelqu'un qui se lance et nous ne vous recommandons pas de vous lancer là-bas**. C'est un **marché très compliqué** réservé à peu de gens qui arrivent à être rentables. Mais quand vous opérez là-bas, le **scaling est illimité** car le pays est énorme.

Ce marché est **puissant** mais **seulement si vous avez de solides connaissances, une bankroll**

solide et une bonne expérience sur d'autres marchés.

Vous allez devoir mettre en place des offres qui performent pour contrer des **CPC parfois supérieurs à 1,5€**. C'est ambitieux mais c'est aussi très dangereux car si vous avez un CPC à 1,5€ et que vous voulez attendre d'avoir 300 visites pour analyser la performance de votre site, cela va vous coûter 450€ contre 90€ si vous avez un CPC à 0,3€ en France.

Pour opérer là-bas, **Stripe** suffit mais si vous avez **PayPal en plus, c'est mieux.**

- **Canada CA (francophone)**

Partie du pays souvent **un peu délaissé**. Il y a 5 ans on disait toujours de l'inclure dans ses campagnes françaises au même titre que la Belgique, le Luxembourg et la Suisse mais aujourd'hui on l'entend beaucoup moins et souvent personne ne le cible.

La **partie francophone reste très intéressante** car elle est composée de **9'000'000 de personnes** ce qui est quasiment **2x plus que la Norvège** par exemple (5'000'000). Possibilité de tourner là-bas avec seulement **stripe** mais encore une fois si c'est possible pour vous de rajouter PayPal c'est mieux.

Donc pays très intéressant mais attention à bien check **les frais et délais de livraison qui sont parfois démesurés**.

- **Canada CA (anglophone)**

Comme dit au dessus, souvent les américains vont inclure le canada dans leurs campagnes avec les US, les UK et l'Australie mais le pays est moins souvent ciblé seul. Ça peut donc être intéressant car vous aurez des CPM bien plus faibles là-bas qu'aux US. Vous pouvez par exemple tester un produit au Canada et si vous voyez que ça performe bien vous le lancer aux US une fois avoir pris de l'expérience.

Possibilité de tourner uniquement avec **Stripe**.

- **Australie** AU

Même chose que le Canada. Juste **vérifier les délais de livraison** qui peuvent être un peu longs. Sinon c'est un pays très intéressant et encore moins exploité que les autres alors que depuis 2018 il y a beaucoup d'ecommerçants qui tournent là-bas et ont de très bons résultats.

Pas pratique niveau fuseau horaire si vous êtes en France.

- **Brésil BR**

Pays en **plein expansion** et avec **très peu de concurrence**.

Il faut les processeurs de paiements locaux obligatoirement (**boleto**) qui sont assez compliqués à avoir donc **impossible pour un débutant**.

Sur un **TikTok Ads pas possible de cibler le Brésil** directement même en utilisant un VPN car il faut un **numéro CPF** (numéro que seuls les brésiliens ont) donc il faut forcément passer par un **compte agence**.

Excellent marché pour quelqu'un qui a déjà de l'expérience et qui a accès aux fournisseurs de paiements locaux.

À savoir aussi que 90% des gros shops qui tournent au brésil proposent le **paiement en plusieurs fois** qui est très demandés au Brésil donc il faut être prêt à **avancer de grosses sommes pendant plusieurs mois**. **Boleto** fait partie des méthodes de paiement très utilisées au Brésil. Le **COD** est aussi beaucoup utilisé.

- **Mexique** MX

Même chose exactement que pour le brésil.

- **EAU** AE

Marché intéressant et en plein expansion pour l'ecom.

Vous pouvez tourner avec Stripe mais le COD reste très important pour ce pays.

Pas besoin de faire le site en arabe car tout le monde y parle anglais.

- **Inde** IN

Pays impossible d'accès pour un débutant car les habitants utilisent quasiment tous le cash on delivery et que le pouvoir d'achat est très faible.

💡 *Cliquez sur ▷ pour voir le contenu .*

PARTIE 2 : CHECKLIST POUR VALIDER UN PRODUIT WINNER

- Resout un probleme ou un besoin pour les clients

- Provoque un effet "wahou" ou "il me le faut" chez les clients

- Marges interessantes (prix d'achat vs revente) couvrant couts et d´egagement de benefice

- Fournisseur serieux, fiable, et rapide assurant la qualite et la satisfaction des clients

- Peu ou pas de concurrence, ou se demarque nettement des produits similaires

- Potentiel de fidélisation, incitant les clients a revenir ou a recommander le produit

- Forte demande avec un grand nombre de personnes intéressées par le produit

- Faible cout d'acquisition, attirant des clients avec un budget publicitaire raisonnable

- Éprouvé : Le concurrent génère un minimum de 2000$ de Chiffre d'affaires par jours

PARTIE 3 : COMMENT TROUVER UN PRODUIT WINNER AVEC SHOPHUNTER

Dans l'univers compétitif du dropBranding , dénicher un produit winner peut faire toute la différence entre le succès et l'échec. ShopHunter est un outil puissant qui peut aider à identifier ces produits à succès. Ce guide vous montre comment utiliser ShopHunter pour trouver un produit winner.

Chapitre 1: Comprendre ShopHunter

Qu'est-ce que <u>ShopHunter</u>? ShopHunter est une plateforme d'analyse de marché qui offre des informations détaillées sur les produits tendance, les magasins performants et les stratégies marketing efficaces. Elle regroupe des données provenant de diverses sources pour fournir une vue d'ensemble du marché.

Fonctionnalités Principales:

- **Analyse de Produits:** Identification des produits les plus vendus et en tendance.

- **Analyse de Magasins:** Informations sur les meilleurs magasins, leurs produits et stratégies.

- **Suivi des Tendances:** Surveillance des tendances du marché en temps réel.

- **Analyse Concurrentielle:** Comparaison des performances des produits et magasins concurrents.

Chapitre 2: Configuration de ShopHunter

1. **Créer un Compte:** Rendez-vous sur le site de ShopHunter et créez un compte en fournissant les informations nécessaires.

2. **Paramétrer vos Préférences:** Configurez vos préférences de recherche selon votre niche ou secteur d'intérêt. Cela inclut la sélection des catégories de produits, des régions géographiques et des indicateurs de performance.

Chapitre 3: Recherche de Produits Winners

1. Utiliser les Filtres de Recherche:

- **Catégories de Produits:** Choisissez les catégories de produits qui correspondent à votre niche.

- **Volume de Ventes:** Filtrez les produits par volume de ventes pour identifier ceux qui se vendent le mieux.

- **Croissance des Ventes:** Identifiez les produits avec une croissance rapide des ventes.

2. Analyser les Tendances du Marché:

- **Produits en Tendance:** Consultez la section des produits en tendance pour voir ce qui se vend actuellement.

- **Mots-clés en Tendance:** Recherchez les mots-clés les plus populaires associés à des produits spécifiques.

3. Étudier les Produits Winners:

- **Ventes et Revenus:** Examinez les données de ventes et de revenus des produits les plus performants.

- **Commentaires et Évaluations:** Lisez les commentaires et évaluations des clients pour comprendre ce qui rend ces produits attractifs.

Chapitre 4: Analyse Concurrentielle

1. Identifier les Magasins Leaders:

- **Performance des Magasins:** Utilisez ShopHunter pour lister les magasins avec les meilleures performances dans votre niche.

- **Produits Best-sellers:** Notez les produits les plus vendus dans ces magasins.

2. Étudier les Stratégies Marketing:

- **Publicité et Réseaux Sociaux:** Analysez les

stratégies publicitaires et les campagnes sur les réseaux sociaux de vos concurrents.

- **SEO et Contenu:** Examinez les techniques SEO et les types de contenu utilisés pour attirer les clients.

Chapitre 5: Évaluer et Sélectionner Votre Produit

1. Comparer les Produits:

- Utilisez les outils de comparaison pour évaluer plusieurs produits basés sur les ventes, la croissance et les marges bénéficiaires.

2. Faire des Tests:

- Sélectionnez quelques produits potentiels et effectuez des tests de marché pour évaluer leur performance réelle.

Glossaire
- **Produit Winner:** Un produit qui se vend extrêmement bien et génère un chiffre d'affaires élevé.

- **Niche:** Un segment spécifique du marché.

PARTIE 4 : TOUT SAVOIR SUR VOTRE SOURCE DE TRAFIC

Choisir sa source de trafic ?

💡 Dans ce livre, nous partageons notre opinion sur chaque source de trafic. Cette opinion est susceptible de changer, alors revenez régulièrement pour des mises à jour et de nouvelles plates-formes. Elle ne reflète que notre point de vue, vous devez la tester vous-même pour déterminer la meilleure option pour votre situation et votre budget.

Facebook Ads (+ Instagram Ads)

👍 **Avantages**

☑ **Possibilité de scaling (quasi) infinie.**

En France, 60% de la population possède un compte Facebook et 50% un compte Instagram. C'est la seule plateforme qui compte autant d'utilisateurs (avec WhatsApp), c'est donc naturellement celle où l'on peut, en théorie, développer le plus son business, car c'est celle qui rassemble le plus de monde.

⚓ Stabilité

Contrairement à TikTok, où les rendements peuvent diminuer dès que le budget augmente, Facebook est l'une des rares plateformes où vous pouvez maintenir une stabilité des rendements même en scalant. Cette stabilité permet de gérer plus efficacement l'augmentation des budgets tout en conservant des performances optimales.

💪 Formats différents

Sur Facebook et Instagram, vous pouvez choisir entre plusieurs formats de publicité, notamment le format carré et le format story. Cette flexibilité vous permet de mieux cibler votre audience idéale. Par exemple, les utilisateurs de moins de 30 ans sont extrêmement présents sur les formats reels et stories, tandis que les utilisateurs de plus de 30 ans préfèrent le format de publication carré.

👵 Population âgée

Ce n'est pas le groupe d'utilisateurs le plus important, mais c'est l'un des seuls réseaux sociaux où vous pourrez cibler Monique, 65 ans, qui adore les chiens et achèterait n'importe quoi pour son chien Jack. En théorie, le pouvoir d'achat augmente avec l'âge. Il est donc intéressant de vendre sur

Facebook car vous pourrez cibler un public plus âgé.

💻 Multitude d'affichages

Facebook et Google offrent une large gamme de formats publicitaires puissants, notamment les collections, les vidéos, les photos et les carrousels. Cette diversité est un atout majeur car certains formats peuvent mieux convenir à certains produits. Pouvoir tester différents formats vous permet d'optimiser vos campagnes publicitaires et d'obtenir les meilleurs résultats possibles.

🎯 Ciblage intéressant

Pour moi, Facebook et Instagram sont parmi les seules plateformes où le ciblage est particulièrement intéressant et efficace. Il est essentiel d'apprendre à utiliser ce ciblage en y consacrant du temps et en regardant des vidéos de formation. Une bonne maîtrise du ciblage peut grandement améliorer vos résultats publicitaires.

👎 Inconvénients

👤 Problème des bannissements sur Facebook

Le principal problème de la plateforme Facebook est la fréquence des bannissements. Ils peuvent survenir de manière imprévisible et sans raison apparente. Chaque compte publicitaire est lié à un Business Manager, qui est lui-même rattaché à un profil Facebook, ce qui rend impossible la création infinie de comptes comme sur TikTok. Bien qu'il existe de nombreuses méthodes pour essayer d'éviter les bannissements, ceux-ci restent fréquents et souvent inexplicables.

§ Cher

Les coûts par clic (CPC) sur Facebook sont souvent beaucoup plus élevés que sur TikTok, parfois jusqu'à trois fois plus chers en moyenne, en raison de CPM (coût par mille impressions) plus élevés. Cependant, il est probable que cette différence se réduise avec le temps, avec une augmentation des CPM sur TikTok plutôt qu'une baisse sur Facebook. De plus, bien que les CPC soient plus faibles sur TikTok, la qualité du trafic sur Facebook est souvent supérieure, ce qui peut équilibrer les coûts.

Quels produits lancer?

---

1. **Prix de revente conseillé**

    o Nous recommandons de lancer des produits pouvant se revendre à plus de 20-30 €.

2. **Combo parfait**

    o L'idéal est de vendre sur Facebook un produit à 30 € que vous obtenez à 7 €. Bien que ce ne soit qu'un exemple, nous déconseillons de lancer des produits à moins de 20-25 €. Un coût par achat de 10-12 € est raisonnable pour

Facebook Ads. Si vous vendez un produit à 20 € que vous payez 7 €, il ne vous restera rien après avoir déduit les coûts publicitaires, les frais Stripe, les frais Shopify, etc.

3. **Types de produits**

    o Il n'y a pas de type de produit spécifique à lancer. Vous pouvez opter pour des produits grand public ou cibler une certaine tranche d'âge, comme des produits de santé pour les plus de 50 ans, qui ont du pouvoir d'achat et sont prêts à acheter des articles améliorant leur santé.

4. **Ciblage précis**

   o Grâce aux nombreux intérêts disponibles sur la plateforme, il est très facile de cibler précisément une audience (par exemple, les propriétaires de chiens). Ainsi, il est possible de lancer des produits de niche avec succès.

TikTok Ads

👍 **Avantages**

◳ **CPM bas**

Sur TikTok, la qualité de votre créative est cruciale. Plus votre contenu est intéressant et retient l'attention des utilisateurs, plus TikTok le mettra en avant, ce qui entraînera un CPM très bas. Ce faible CPM se traduit par un CPC très faible, souvent autour de 10-15 centimes en France, ce qui est difficile à obtenir sur Facebook Ads.

😵 CPA bas

Sur TikTok, il n'est pas rare d'obtenir des coûts par achat de 5 à 6 €, ce qui permet de lancer des produits moins chers que sur Facebook. De plus, cela permet d'atteindre une grande rentabilité même avec un faible budget.

♾️ Avantage majeur de TikTok : création de BM illimités

L'un des plus grands atouts de TikTok est la possibilité de créer des Business Managers (BM) presque à l'infini. Contrairement à Facebook, où les BM sont associés à un profil, les BM TikTok ne le sont pas, permettant de recréer facilement un nouveau BM en cas de bannissement. Cela rend l'accès à cette plateforme beaucoup plus facile et flexible que sur d'autres.

👎 Inconvénients

🌀 Aucune stabilité

Il est très difficile de scaler sur TikTok tout en restant stable. Pour réussir, il faut un très gros ROAS (Return on Ad Spend) à faible budget avant de pouvoir espérer augmenter ce budget tout en restant rentable. Parfois, il est plus avantageux de fonctionner avec un faible budget et un gros ROAS plutôt que d'augmenter le budget et d'obtenir un ROAS plus faible.

🍪 Différences entre les audiences de Facebook et TikTok

Les audiences de Facebook et TikTok sont très distinctes. Actuellement, les utilisateurs de TikTok sont principalement des jeunes. Étant donné leur faible pouvoir d'achat, il est difficile de vendre des produits chers sur TikTok. En revanche, Facebook a une audience plus diversifiée en termes d'âge, ce qui permet de cibler des segments ayant un pouvoir d'achat plus élevé.

🎨 Renouvellement des créatives sur TikTok

Les créatives sur TikTok s'épuisent très rapidement. Si vous souhaitez conserver la performance de votre produit, il est essentiel de renouveler constamment vos créatives.

📢 Faible audience

La plateforme TikTok est encore relativement récente et reste peu développée dans certains pays, rendant ces marchés difficilement exploitables contrairement à Facebook Ads. De plus, bien que de nombreux utilisateurs de TikTok aient moins de 18 ans, ce ne sont généralement pas eux qui achètent nos produits, limitant ainsi l'efficacité des campagnes ciblant ce groupe d'âge.

Quels produits lancer ?

---

1. **Adapter les produits à la cible jeune**
   - Visez des produits susceptibles d'intéresser les jeunes utilisateurs de TikTok, en gardant le prix en dessous de 30 €. À 23 ans, on est moins enclin à dépenser 120 € pour des articles comme une serviette stylée ou une paire de pantoufles.

Adaptez vos offres à cette cible.

2. **Importance de la créativité**

    o Sur TikTok Ads, la créativité est primordiale. Il est crucial de lancer des produits qui se présentent bien sur TikTok. Les publicités doivent ressembler à des vidéos TikTok classiques, pas à des publicités. Les vidéos générées par les utilisateurs (UGC) fonctionnent particulièrement bien sur cette plateforme.

3. **Utiliser des sons tendance**

    o Pour améliorer vos statistiques, intégrez des sons tendance dans vos créations. Un produit sans utilité évidente ou sans effet "Waouh" sera difficile à promouvoir efficacement en vidéo.

4. **Éviter les gadgets de mauvaise qualité**

    o Ne lancez pas de gadgets bon marché et de mauvaise qualité, par exemple des articles coûtant 2 € que vous voulez vendre à 15 €. La valeur perçue est très importante, même pour des produits peu chers. La cible de TikTok dispose de peu d'argent, donc elle réfléchira davantage avant d'acheter. Assurez-vous que le prix de vente est justifié par la valeur perçue du produit.

Google Ads

 **Avantages**

🛍 **Intention d'achat**

Sur Google, vous vous positionnez sur les recherches des utilisateurs. Par exemple, si quelqu'un cherche "cils magnétiques" ou "balance connectée", il est déjà plus ou moins intéressé. Par conséquent, ces prospects sont beaucoup plus susceptibles de convertir que les prospects froids sur Facebook qui n'ont pas sollicité votre produit.

📋 Logiciel publicitaire puissant

Contrairement à d'autres sources de trafic, l'organisation des publicités sur Google peut vraiment faire une différence, même avec un faible budget. Avec un budget de 200€ par jour, vous pouvez optimiser les campagnes et améliorer les performances de manière significative. En revanche, sur Facebook, à faible budget, les créatives et le site web auront un impact plus important sur les résultats que l'organisation des publicités en elle-même. Bien sûr, à des niveaux de dépense élevés, comme 5000€ par jour, l'organisation des annonces sur Facebook devient aussi cruciale.

⚓ Durabilité du trafic sur Google

Contrairement aux autres sources de trafic, les gens vous recherchent activement sur Google. En vous positionnant sur un mot clé bien niché avec du trafic, vous pouvez maintenir une présence durable. Par exemple, certains de mes shops fonctionnent ainsi depuis 5 ans.

📇 Potentiel de vente de produits coûteux

Grâce à l'intention d'achat supérieure sur Google par rapport aux autres sources de trafic, vous pouvez vendre des produits beaucoup plus chers. Il est tout à fait possible de vendre des articles à 300-400€, voire des produits dépassant les 1000€.

🐘 Complexité et avantage concurrentiel de Google

Google est sans doute la source de trafic la plus compliquée à maîtriser. Cependant, une fois prise en main, elle devient la plus simple pour générer des revenus. Cette complexité, bien qu'un inconvénient pour certains, se transforme en avantage car elle limite le nombre de personnes capables de l'utiliser efficacement, réduisant ainsi la concurrence pour ceux qui réussissent à devenir profitables.

👎 Inconvénients

☐ Google est une plateforme complexe qui nécessite des connaissances approfondies. Par conséquent, nous ne recommandons pas son utilisation à ceux qui débutent totalement dans le dropshipping.

🐘 Difficulté de rivaliser sur Google

Si votre concurrent dispose de plus d'expérience et de budget, il sera presque impossible de le concurrencer sur Google. En revanche, sur des plateformes comme Facebook ou

TikTok, vous pourrez plus facilement prendre une petite part du marché.

🪙 **Durée et coût des tests** Le test sur Google prend plus de temps, souvent plusieurs jours, par rapport aux autres plateformes. En conséquence, il sera un peu plus coûteux.

🔍 **Limites de la recherche Google**

Si aucune recherche n'a été effectuée sur votre produit, la plateforme Google ne sera pas utilisable pour vous. De plus, vous ne pouvez pas créer plus de recherches qu'il n'en existe déjà. Par conséquent, le scaling est limité et dépend directement du nombre de recherches effectuées sur votre produit.

Quels produits lancer?

Importance de la recherche Google

La recherche Google reflète la nature de la plateforme : complexe pour les novices, mais simple pour les experts. Le potentiel d'un produit dépend de son nombre de recherches. Il est donc essentiel de choisir un produit avec un terme de recherche clair et précis, plutôt qu'un terme générique. Par exemple, on ne vend pas une culotte rouge mais une culotte menstruelle. Il faut cibler des termes spécifiques comme aspirateur robot, balance connectée ou débroussailleuse.

Influence Marketing

 **Avantages**

🚀 Rentabilité et scaling avec les influenceurs

Si vous trouvez un produit très rentable avec un influenceur, il le sera souvent aussi avec d'autres influenceurs de la même niche, ce qui facilite le scaling. D'ailleurs, c'est l'une des seules plateformes où vous pouvez lancer une boutique et générer 10 000 € dès le premier jour.

👌 Aucune plateforme à maîtriser

Il n'y a pas de plateforme spécifique à utiliser ou à prendre en main. En réalité, c'est tout ou rien : soit ça fonctionne, soit ça ne fonctionne pas. Si ça ne marche pas, vos options sont limitées à changer l'offre ou modifier le brief. En dehors de cela, il n'y a pas grand-chose que vous puissiez faire.

🎯 Succès répété des influenceurs

Un influenceur qui a bien réussi une première fois a 90 % de chances de reproduire ce succès, voire de faire encore mieux. En effet, certaines personnes qui n'avaient pas vu la première campagne seront exposées et achèteront, tandis que ceux qui hésitaient la première fois finiront par passer à l'achat.

🌐 Marchés émergents pour le marketing d'influence

Il existe encore quelques marchés peu exploités pour le marketing d'influence, où il y a un potentiel pour réaliser de gros chiffres. Explorer ces niches pourrait vous offrir des opportunités de croissance significative.

👎 Inconvénients

🛡 Coût

Si vous envisagez de lancer une boutique aux États-Unis avec des influenceurs, le coût d'un simple test peut vite devenir prohibitif. Même une petite influenceuse y est très onéreuse. De plus, sur la plupart des marchés, une influenceuse ayant une grande audience aura forcément un prix conséquent.

⛔ BIG mistake en 2024

En 2024, en France, le marketing d'influence ne fonctionne plus pour le dropshipping traditionnel. Pour les marques, c'est déjà compliqué, et pour le dropshipping, c'est quasiment impossible. Toutes les personnes qui vous encouragent à faire du marketing d'influence ont probablement un intérêt financier, comme les coachs Instagram qui touchent une commission des agences. Je vous déconseille fortement de vous lancer dans le marketing d'influence cette année. Cependant, certains parviennent encore à être rentables avec des sites bien établis, mais plus avec des influenceurs de télé-réalité ou des sites montés rapidement comme avant.

Quels produits lancer?

Avec les influenceurs, vous pouvez vendre presque n'importe quoi tant que le produit répond à un problème ou crée un effet de surprise. **L'influenceur doit avoir quelque chose à dire dans son histoire**. En termes de prix, essayez de trouver des **produits que vous allez vendre entre 10 et 50 €**. Le plus important est d'avoir **une bonne offre** qui plaira.

Exemple : les pinceaux de maquillage qui ont bien fonctionné : Les pinceaux de maquillage qui ont bien fonctionné en tant qu'influenceurs étaient souvent vendus 10€, mais au final, le panier moyen était de 30-40€ car les gens en prenaient souvent plusieurs à la fois.

TikTok Organique

👍 Avantages

⬛ Coût

Cela ne vous coûte vraiment rien, à part le prix du produit, puisque l'objectif est de ne pas utiliser de publicités payantes.

🎛️ Coûts et marges

Comme indiqué précédemment, vos seuls coûts seront liés aux produits et aux frais divers (Shopify, Stripe, etc.). En conséquence, votre marge sera généralement plus élevée que si vous utilisiez de la publicité. Cependant, cette marge atteindra rarement 80 %, car vous vendrez souvent vos produits à un prix inférieur à celui pratiqué avec des publicités, ce qui favorisera les ventes organiques. Attendez-vous donc à une marge nette d'environ 50-60 % au maximum.

🚀 Scaling

Si votre produit et vos vidéos deviennent viraux, vous pouvez vraiment vous développer rapidement. Vous n'aurez pas de problèmes de trésorerie comme avec les publicités, car le seul coût que vous aurez sera celui des produits.

👆 Simplicité d'utilisation

Pas besoin de vous former sur des logiciels publicitaires complexes. En organique, votre principal outil est TikTok, accompagné éventuellement de Capcut pour les montages vidéo. TikTok est une application intuitive, utilisée même par des enfants de 12 ans, donc vous ne devriez pas avoir de difficulté à la maîtriser.

👎 Inconvénients

☑ Délai pour atteindre des chiffres significatifs

Non seulement le lancement d'une boutique en ligne de manière organique prend plus de temps, mais il en va de même pour l'atteinte de chiffres significatifs. Si vous devez tester entre 3 et 5 produits avant de trouver un succès, ce processus sera chronophage.

🚀 Scaling

Il peut être difficile de générer des revenus significatifs avec une boutique en ligne uniquement grâce à une croissance organique. Même si vos vidéos deviennent virales et génèrent un grand nombre de vues, il n'est pas garanti que cela se traduise par des ventes substantielles. Il est possible d'avoir des vidéos visionnées des millions de fois tout en réalisant seulement quelques ventes, voire aucune.

⏱ Durée de mise en ligne

Lancer une boutique en ligne de manière organique prend naturellement beaucoup plus de temps que de recourir à la publicité payante. Vous devrez commander les produits, concevoir et filmer les vidéos, les publier sur TikTok, attendre d'obtenir des vues et atteindre les 1000 abonnés. Ainsi, il est irréaliste de lancer une boutique en une journée et d'obtenir des résultats uniquement par des moyens organiques, contrairement à ce qui est possible avec des publicités.

Quels produits lancer?

Vous devrez lancer plus ou moins les mêmes produits que sur TikTok Ads mais, comme je l'ai dit, les vendre à un prix légèrement inférieur. Relisez donc les conseils sur les produits à lancer sur TikTok. Une des choses à faire pour valider un produit que vous voulez lancer organiquement, c'est de vous asseoir 10 minutes avec une feuille blanche et de voir si en 10 minutes vous pouvez trouver au moins 5 idées de TikToks, parce que si votre produit n'évoque rien, s'il n'est pas visuel, alors ça va être compliqué de faire 10 TikToks qui vont potentiellement exploser et avoir beaucoup de vues.

Conclusion

Retenez de ce document qu'il n'y a pas une plateforme meilleure qu'une autre, mais que chaque plateforme a ses avantages et ses inconvénients (niveau, budget, connaissances, temps, etc.) et qu'il faut donc essayer de voir quelle plateforme sera la plus intéressante pour vous en fonction de ses spécificités.

Si vous êtes débutant, nous vous conseillons vivement de ne pas vous lancer sur plusieurs sources de trafic en même temps, car les débutants mélangent souvent tout, surtout lorsque les plateformes sont similaires. Par exemple, avec Facebook et TikTok, étant donné que l'interface de TikTok est clairement la même que celle de Facebook mais en plus simple, les gens se disent " je vais tester les deux en même temps ", mais au final ils mélangent tout et lancent les mêmes produits sur les deux plateformes sans se poser de questions, alors que pour moi, le plus important c'est vraiment de faire une recherche de produits ciblée par source de trafic.

MASTERCLASS VIDEO: CREATION D'UNE BOUTIQUE ECOM PRO

🛡️**Les secrets de la création et du branding efficace pour votre boutique e-commerce.**

https://mega.nz/file/AatEBTyD#Qa1V0WYaePo2_nT-_BtmYPmhqMFepme_vG5ZtZM2l48

🛡️ **Maîtrisez les fondamentaux des publicités Facebook.**

https://mega.nz/folder/RmZSAD7a#lrZKTazeMKb2F0MnW_3z4g

VOICI UN LIVRE QU'ON VOUS RECOMMANDE SUR AMAZON

https://www.amazon.fr/dp/B0CVSKGVHP

www.ingramcontent.com/pod-product-compliance
Lightning Source LLC
Chambersburg PA
CBHW070350230526
45471CB00006B/2502